CU00787848

Sommaire
Contents

Picture dictionary

This book was created and produced by
Zigzag Publishing Ltd, The Barn,
Randolph's Farm, Brighton Road,
Hurstpierpoint, West Sussex BN6 9EL

Editor: Helen Burnford
Managing Editor: Nicola Wright
Production: Zoë Fawcett and Simon Eaton
Series Concept: Tony Potter

Colour separations by RCS Graphics Ltd, Leeds.
Printed by Print Centrum, Czech Republic.

First published in 1995 by Zigzag Publishing Ltd

Copyright © 1995 Zigzag Publishing Ltd

All rights reserved. No part of this publication may be
reproduced, stored in a retrieval system or transmitted by
any means, electronic, mechanical, photocopying or
otherwise, without the prior permission of the publisher.

ISBN HB 1 85993 061 1
ISBN PB 1 85993 013 1

About this book

This illustrated dictionary is just right for you if you are starting to learn French.

You will find lots of clearly labelled thematic pictures. Match up the small drawings around the main pictures to help you learn when to use each French word.

The picture index at the back of this book will help you translate a word, whether you know the French or the English.

Masculine and feminine words

In French, some words are masculine and some are feminine. There are different words for 'the':

le lapin   (masculine singular)
the rabbit
la maison   (feminine singular)
the house

When the word begins with a vowel, (a, e, i, o, u) you use **l'**
eg. **l'orange**

All plural words have the same word for 'the':

les lapins   (masculine plural)
les maisons   (feminine plural)

Accents   é à î ç

French vowels often have marks called accents above them, such as **é**, **à** or **î**. Vowels with accents are pronounced differently from vowels without accents. When you see the letter 'c' with an accent underneath it, for example, **le maçon** the 'c' is pronounced like the 's' in 'sock'.

Les vêtements
Your clothes

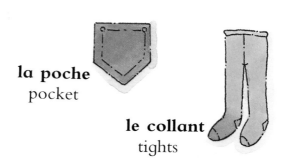

la poche
pocket

le collant
tights

le T-shirt
T-shirt

le sweat-shirt
sweatshirt

le col
collar

la chemise
shirt

l'anorak (m)
anorak

la manchette
cuff

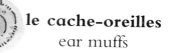

le cache-oreilles
ear muffs

le capuchon
hood

le lacet
lace

les bretelles (f)
braces

les tennis (f)
trainers

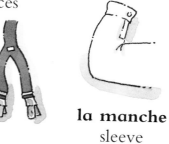

la manche
sleeve

le maillot de corps
vest

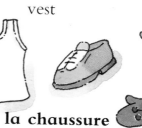

la chaussure
shoe

la moufle
mitten

le slip
pants

le gant
glove

4

la robe de chambre
dressing gown

le cordon
cord

la robe-chasuble
pinafore dress

le nœud
bow

le ruban
ribbon

la boutonnière
buttonhole

le bouton
button

le gilet
cardigan

la fermeture Éclair
zip

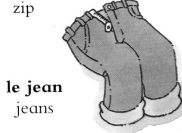
le jean
jeans

l'écharpe (f)
scarf

la chaussette
sock

la culotte
knickers

la sandale
sandal

la salopette
dungarees

la chaussure en toile
plimsoll

la robe
dress

la jupe
skirt

la boucle
buckle

la ceinture
belt

le pull
jumper

Dans la chambre
In the bedroom

la batte de base-ball
baseball bat

le cartable
satchel

l'ordinateur (m
computer

l'oreiller (m)
pillow

la couette
quilt

la pantoufle
slipper

le justaucorps
leotard

le pyjama
pyjamas

le cerf-volant
kite

le xylophone
xylophone

le puzzle
jigsaw puzzle

l'échelle (f)
ladder

la boîte
box

le livre
book

la maison de poupée
doll's house

6

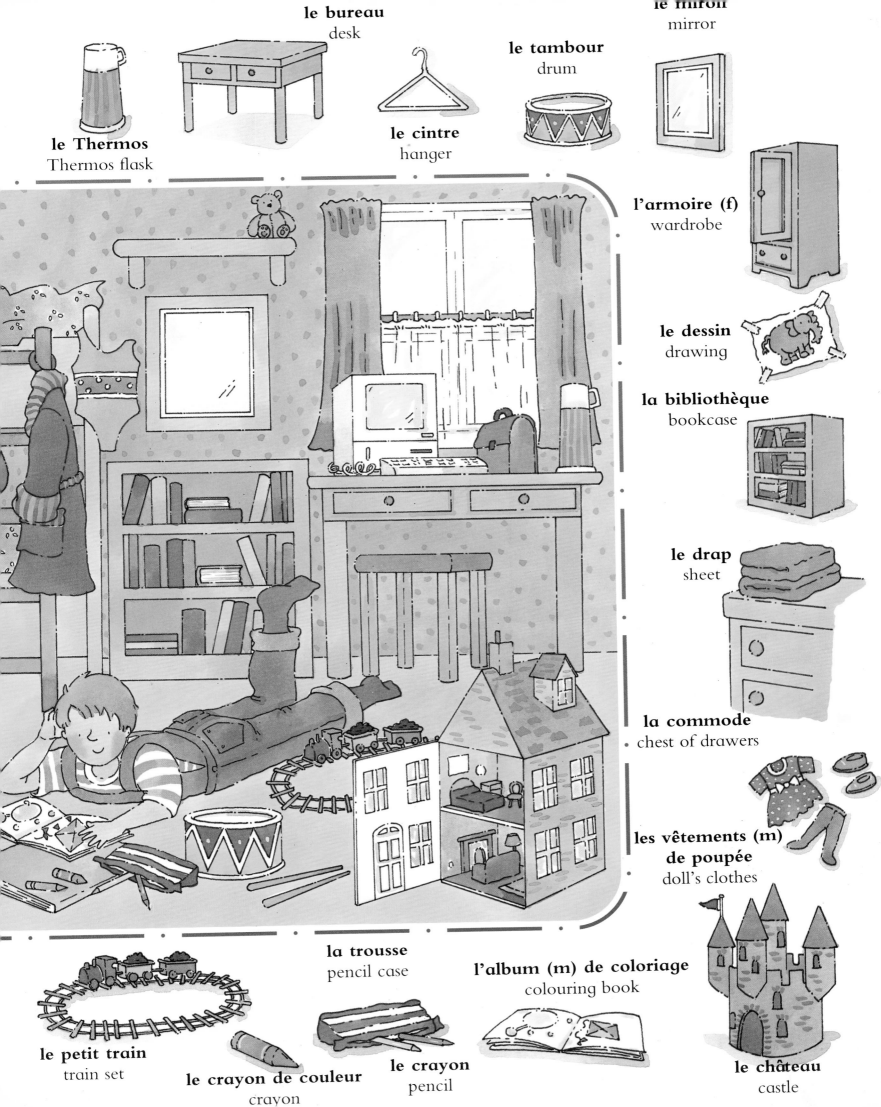

le Thermos
Thermos flask

le bureau
desk

le cintre
hanger

le tambour
drum

le miroir
mirror

l'armoire (f)
wardrobe

le dessin
drawing

la bibliothèque
bookcase

le drap
sheet

la commode
chest of drawers

les vêtements (m) de poupée
doll's clothes

le petit train
train set

le crayon de couleur
crayon

la trousse
pencil case

le crayon
pencil

l'album (m) de coloriage
colouring book

le château
castle

7

la nourriture pour chiens et chats pet food

le cochon d'Inde guinea pig

le lapin rabbit

le clapier hutch

la cage cage

la gerbille gerbil

le nichoir nesting box

le chaton kitten

la fourrure fur

la tortue tortoise

l'aile (f) wing

la patte paw

le perroquet parrot

la griffe claw

la perruche budgerigar

17

Le jeu
Play

les patins (m) à roulettes
roller skates

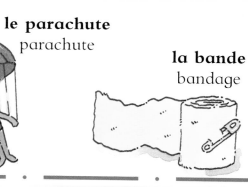
le parachute
parachute

la bande
bandage

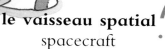
le vaisseau spatial
spacecraft

le skate-board
skateboard

la tenue
de cow-boy
cowboy outfit

la corde à sauter
skipping rope

le ballon de football
football

l'arche (f) de Noé
Noah's ark

le gobelet
beaker

le dé
dice

le jeu de société
board game

la bille
marble

le yo-yo
yo-yo

l'arc (m)
bow

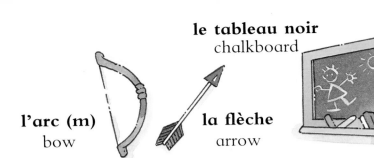

la flèche
arrow

le tableau noir
chalkboard

la craie
chalk

le Légo
Lego

la cible
target

la pâte à modeler
Plasticine

la tente
tent

la marionnette à gaine
glove puppet

la montre
watch

le château
castle

**la sacoche
de médecin**
doctor's bag

la tenue d'infirmière
nurse's outfit

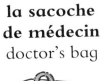

le stéthoscope
stethoscope

la tenue de médecin
doctor's outfit

la ferme miniature
toy farm

19

Dans le jardin
In the garden

la porte de derrière
back door

la marche
step

la chatière
cat flap

la plate-bande
flower bed

la bordure
border

la pelouse
lawn

la mangeoire
bird table

la cacahuète
peanut

la noix de coco
coconut

la souche d'arbre
tree stump

le tuyau d'arrosage
hose

le tricycle
tricycle

le pissenlit
dandelion

le mur
wall

le balai
broom

la fourche
garden fork

l'épouvantail (m)
scarecrow

la remorque
trailer

le tracteur
tractor

la poule
hen

le poussin
chick

le poulailler
hen house

l'étable (f)
cowshed

le mur
wall

la barrière
gate

le verger
orchard

l'échelle (f)
ladder

le mouton
sheep

le camion
truck

le caneton
duckling

l'agneau (m)
lamb

le canard
duck

la mare aux canards
duck pond

la cour de ferme
farmyard

31

Les voyages
Travelling

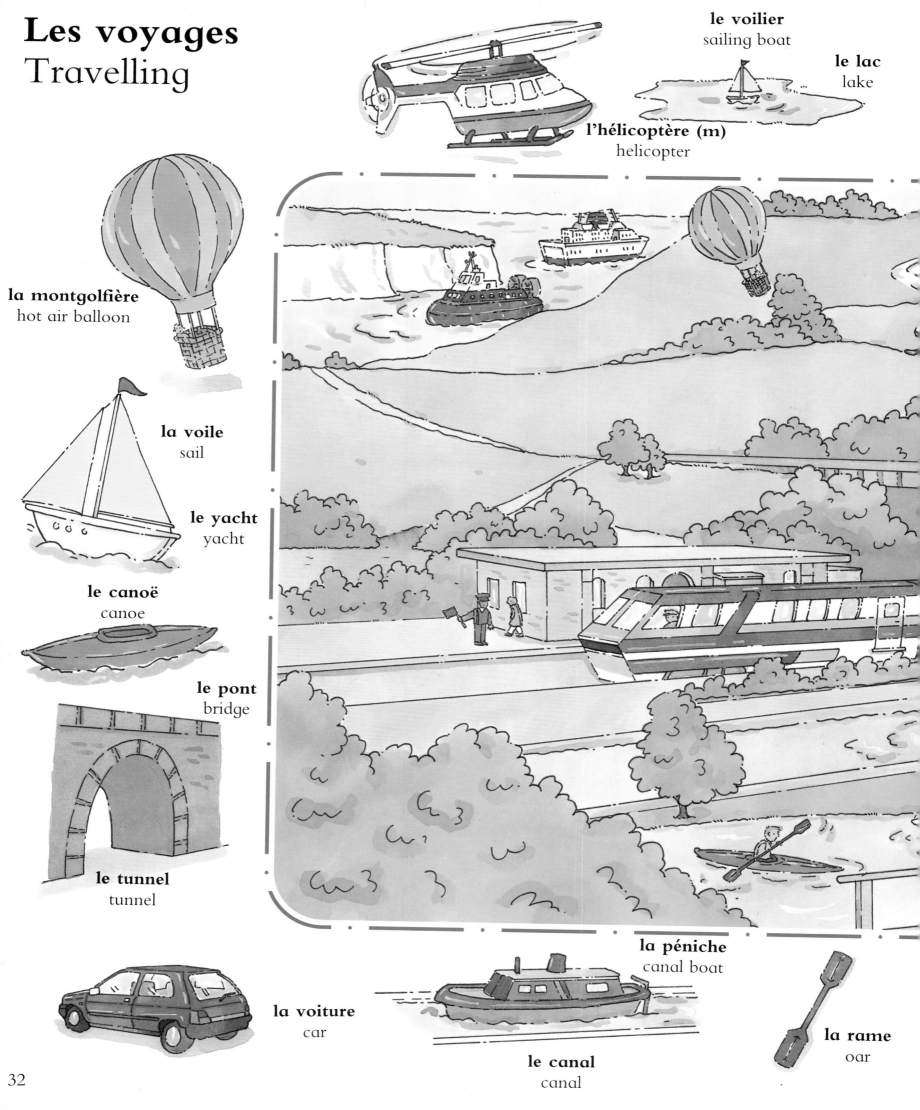

le voilier
sailing boat

le lac
lake

l'hélicoptère (m)
helicopter

la montgolfière
hot air balloon

la voile
sail

le yacht
yacht

le canoë
canoe

le pont
bridge

le tunnel
tunnel

la voiture
car

la péniche
canal boat

le canal
canal

la rame
oar

32

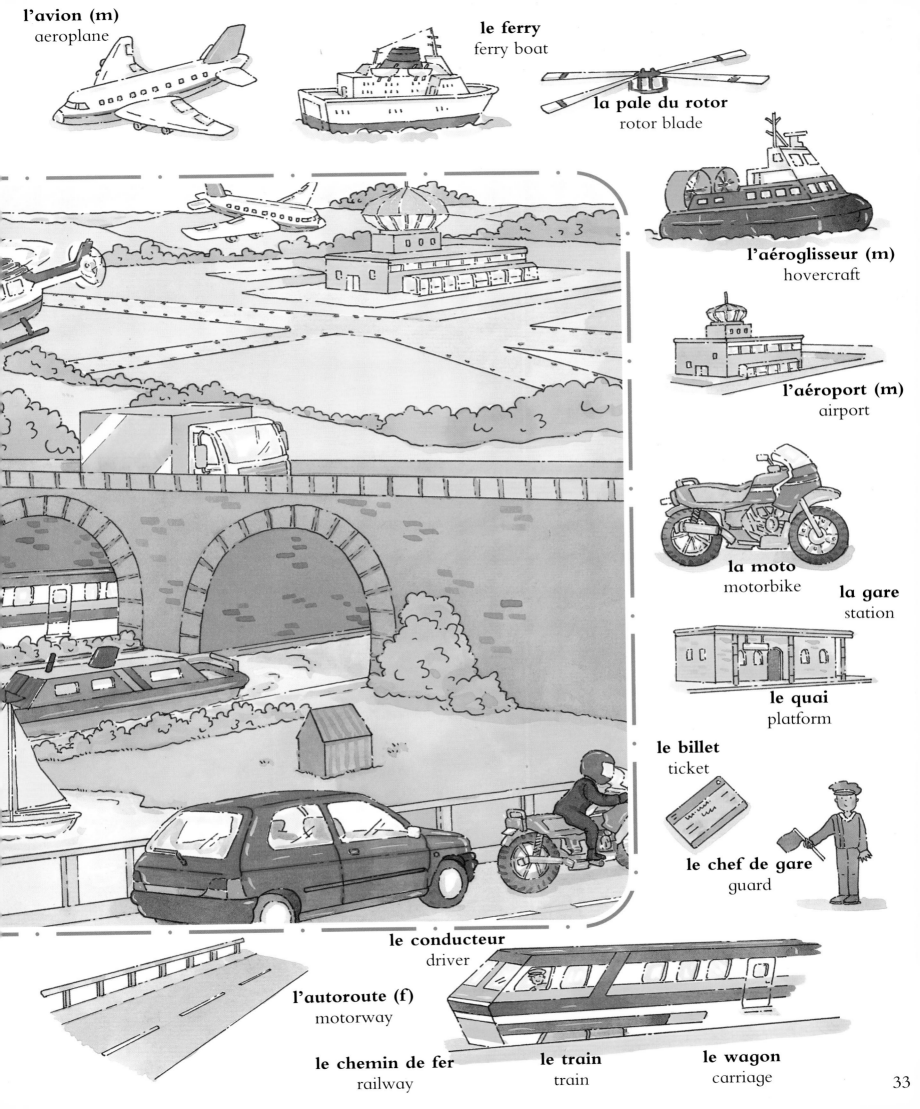

l'avion (m)
aeroplane

le ferry
ferry boat

la pale du rotor
rotor blade

l'aéroglisseur (m)
hovercraft

l'aéroport (m)
airport

la moto
motorbike

la gare
station

le quai
platform

le billet
ticket

le chef de gare
guard

le conducteur
driver

l'autoroute (f)
motorway

le chemin de fer
railway

le train
train

le wagon
carriage

33

À la plage
On the beach

la mer sea

la falaise cliff

le coupe-vent windbreak

la plage beach

la chaise longue deckchair

l'hôtel (m) hotel

le lait solaire suntan lotion

les lunettes (f) de soleil sunglasses

la serviette de plage beach towel

le seau bucket

la pelle spade

le ballon de plage beach ball

le panier de pique-nique picnic basket

les algues (f) seaweed

la crevette shrimp

le tuba snorkel

les lunettes (f) de plongée goggles

le brassard de sauvetage armband

la glace
ice-cream

la jetée
pier

l'épuisette (f)
net

le galet
pebble

le coquillage
shell

le château de sable
sandcastle

les douves (f)
moat

le drapeau
flag

la vague
wave

le phare
lighthouse

la planche à voile
windsurfer

la planche de surf
surfboard

la palme
flipper

la mouette
seagull

le canot à moteur
motor boat

le gilet de sauvetage
lifejacket

le voilier
sailing boat

le mât
mast

Dictionnaire Illustré
Picture Dictionary

Anglais – Français
English – French

Aa

acorn
le gland

aerial
l'antenne (f)

aeroplane
l'avion (m)

airport
l'aéroport (m)

alligator
l'alligator (m)

alphabet
l'alphabet (m)

ambulance
l'ambulance (f)

angler
le pêcheur

anorak
l'anorak (m)

antlers
les bois (m)

apple
la pomme

aqualung
le scaphandre
autonome

armband
le brassard de
sauvetage

armchair
le fauteuil

armour
l'armure (f)

arrow
la flèche

articulated lorry
la semi-remorque

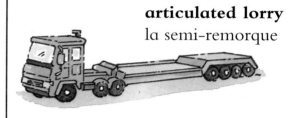

audience
les spectateurs (m)

autumn
l'automne (m)

Bb

baby
le bébé

back door
la porte de derrière

balloon
le ballon

banana
la banane

bandage
la bande

bank
la banque

bar
le barreau

barn
la grange

baseball bat
la batte de base-ball

bath
la baignoire

bath mat
le tapis de bain

bath towel
la serviette de bain

bathroom scales
le pèse-personne

beach
la plage

beach ball
le ballon de plage

beach towel
la serviette de plage

beak
le bec

beaker
le gobelet

bedding
la litière

belt
la ceinture

bench
le banc

berry
la baie

bicycle
le vélo

bird
l'oiseau (m)

bird table
la mangeoire

biscuit tin
la boîte à biscuits

black
noir/noire

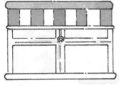
blind
le store

blossom
les fleurs (f)

blue
bleu/bleue

board game
le jeu de société

boat
le bateau

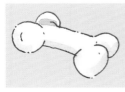
bone
l'os (m)

bonfire
le feu de bois

book
le livre

bookcase
la bibliothèque

boot
la botte

border
la bordure

bottom
le bas

bow
l'arc (m)

bow
le nœud

bowl
le saladier

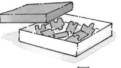
box
la boîte

braces
les bretelles (f)

branch
la branche

bread
le pain

brick
la brique

bricklayer
le maçon

bridge
le pont

broom
le balai

broomstick
le manche à balai

brown
marron

bucket
le seau

buckle
la boucle

bud
le bourgeon

budgerigar
la perruche

builder
le maçon

building block
le jeu
de construction

bull
le taureau

bulldozer
le bulldozer

bus
l'autobus (m)

bus driver
le conducteur
d'autobus

bus stop
l'arrêt (m) d'autobus

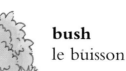
bush
le buisson

butter
le beurre

button
le bouton

buttonhole
la boutonnière

Cc

cabinet
l'armoire (f) à pharmacie

café
le café

cage
la cage

cake
le gâteau

calf
le veau

camel
le chameau

canal
le canal

canal boat
la péniche

candle
la bougie

candlestick
le bougeoir

cannon
le canon

canoe
le canoë

car
la voiture

car park
le parking

card
la carte

cardboard model
la maquette

cardigan
le gilet

carpenter
le charpentier

carpet
le tapis

carriage
le wagon

castle
le château

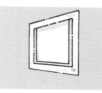

cat flap
la chatière

cauldron
le chaudron

cauliflower
le chou-fleur

cave
la grotte

cement mixer
la bétonnière

cereal
les céréales (f)

chair
le fauteuil

chalk
la craie

chalkboard
le tableau noir

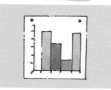
chart
le diagramme

cheese
le fromage

cheetah
le guépard

chest of drawers
la commode

chick
le poussin

chips
les frites (f)

circle
le cercle

clam
la palourde

claw
la griffe

clay
l'argile (f)

cliff
la falaise

climbing frame
la cage à poules

cloak
la grande cape

clock
l'horloge (f)

clown
le clown

coat
le manteau

coconut
la noix de coco

coffee
le café

coffee table
la table basse

collar
le col

colouring book
l'album (m)
de coloriage

comic
la bande dessinée

**compact disc
player**
le lecteur laser

compressor
le compresseur

computer
l'ordinateur (m)

concrete mixer
le camion malaxeur

cooker
la cuisinière

coral
le corail

cord
le cordon

cotton wool
le coton

cow
la vache

cowboy outfit
la tenue de
cow-boy

cowshed
l'étable (f)

cracker
le diablotin

crane
la grue

crayon
le crayon de couleur

crisps
les chips (f)

crocus
le crocus

crossing
le passage pour
piétons

crown
la couronne

cube
le cube

cucumber
le concombre

cuff
la manchette

cup
la tasse

cupboard
le placard

curtain
le rideau

curtain pole
la tringle à rideau

Dd

daffodil
la jonquille

dandelion
le pissenlit

deckchair
la chaise longue

deer
le cerf

desk
le bureau

dice
le dé

digger
la pelleteuse

ditch
le fossé

diver
le plongeur

doctor's bag
la sacoche de
médecin

doctor's outfit
la tenue de médecin

doll's clothes
les vêtements (m)
de poupée

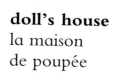
doll's house
la maison
de poupée

dolphin
le dauphin

down
en bas

dragon
le dragon

draining board
l'égouttoir (m)

drawer
le tiroir

drawing
le dessin

drawing pin
la punaise

dress
la robe

dressing gown
la robe de chambre

drink
la boisson

driver
le conducteur

drum
le tambour

duck
le canard

duckling
le caneton

duck pond
la mare aux canards

dumper truck
le dumper

dungarees
la salopette

Ee

ear muffs
le cache-oreilles

eel
l'anguille (f)

egg
l'œuf (m)

elephant
l'éléphant (m)

enchanted wood
le bois enchanté

evergreen tree
l'arbre vert (m)

Ff

face mask
le masque de
plongée

fairy
la fée

fairy lights
la guirlande
électrique

family
la famille

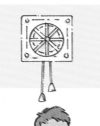

fan
l'aérateur (m)

farmer
le fermier

55

Aa Bb Cc Dd Ee **Ff** Gg Hh Ii Jj Kk Ll Mm Nn Oo Pp Qq Rr Ss Tt Uu Vv Ww Xx Yy Zz

farmyard
la cour de ferme

fat
gros/grosse

ferry boat
le ferry

fin
la nageoire

fire
le feu

fire engine
la voiture de pompiers

fireguard
le garde-feu

fireplace
la cheminée

flag
le drapeau

flamingo
le flamant

flannel
le gant de toilette

flashcard
le support visuel

flipper
la palme

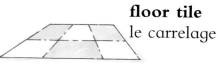
floor tile
le carrelage

flower bed
la plate-bande

flowerpot
le pot de fleurs

foal
le poulain

food bowl
la gamelle

football
le ballon de football

fork
la fourchette

fossil
le fossile

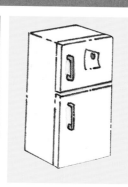
freezer
le congélateur

fridge
le réfrigérateur

frying pan
la poêle

fur
la fourrure

Gg

garage
le garage

garden birds
les oiseaux (m) du jardin

garden fork
la fourche

garlic
l'ail (m)

gate
la barrière

gerbil
la gerbille

ghost
le fantôme

56

Aa Bb Cc Dd Ee Ff Gg Hh Ii Jj Kk Ll Mm Nn Oo Pp Qq Rr Ss Tt Uu Vv Ww Xx Yy Zz

shower cap
le bonnet de douche

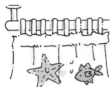
shower curtain
le rideau de douche

shrimp
la crevette

shrub
l'arbuste (m)

sink
l'évier (m)

skateboard
le skate-board

skip
la benne

skipping rope
la corde à sauter

skirt
la jupe

sledge
la luge

sleeve
la manche

slide
le toboggan

slipper
la pantoufle

slope
la pente

snake
le serpent

snorkel
le tuba

snow
la neige

snowball
la boule de neige

snowflake
le flocon de neige

snowman
le bonhomme de neige

soap
le savon

soap dish
le porte-savon

sock
la chaussette

soft
mou/molle

soup
la soupe

spacecraft
le vaisseau spatial

spade
la pelle

spaghetti
les spaghettis (m)

sphere
la sphère

spice
l'épice (f)

sponge
l'éponge (f)

spoon
la cuillère

67

spring
le printemps

square
le carré

squash
le sirop

squirrel
l'écureuil (m)

stable
l'écurie (f)

star
l'étoile (f)

starfish
l'étoile (f) de mer

station
la gare

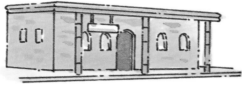

steamroller
le rouleau

steering wheel
le volant

step
la marche

stethoscope
le stéthoscope

stool
le tabouret

straw
la paille

streamer
le serpentin

sucker
la ventouse

sugar
le sucre

summer
l'été (m)

sun
le soleil

suntan lotion
le lait solaire

sunglasses
les lunettes (f)
de soleil

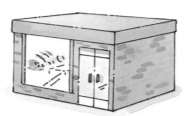
supermarket
le supermarché

surfboard
la planche de surf

sweatshirt
le sweat-shirt

sword
l'épée (f)

swordfish
l'espadon (m)

Tt

table
la table

tablecloth
la nappe

tail
la queue

tall
grand/grande

tap
le robinet

tape recorder
le magnétophone

target
la cible

tarmac
le goudron

taxi
le taxi

teacher
l'instituteur (m)
l'institutrice (f)

telegraph pole
le poteau
télégraphique

telephone
le téléphone

television
la télévision

tennis ball
la balle de tennis

tennis court
le court de tennis

tent
la tente

tentacle
la tentacule

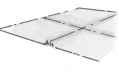

terrace
l'allée (f)

Thermos flask
le Thermos

thin
mince

ticket
le billet

tiger
le tigre

tights
le collant

tile
le carrelage

tipper truck
le camion-benne

toadstool
le champignon
vénéneux

toaster
le grille-pain

toilet
les toilettes (f)

toilet paper
le papier hygiénique

toilet seat
la lunette

tomato
la tomate

toothbrush
la brosse à dents

toothpaste
le dentifrice

top
le sommet

top hat
le chapeau
haut-de-forme

torch
la torche

tortoise
la tortue

towel rail
le porte-serviette

tower block
la tour

town hall
l'hôtel (m) de ville

toy boat
le petit bateau

toy box
le coffre à jouets

toy farm
la ferme miniature

toy shop
le magasin de jouets

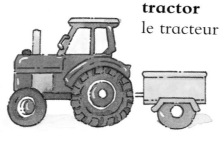
tractor
le tracteur

traffic lights
les feux (m)

traffic warden
le contractuel (m)
la contractuelle (f)

trailer
la remorque

train
le train

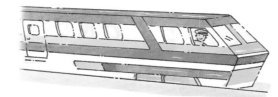

train set
le petit train

trainers
les tennis (f)

treasure
le trésor

tree stump
la souche d'arbre

triangle
le triangle

tricycle
le tricycle

trough
l'auge (f)

trowel
le déplantoir

truck
le camion

T-shirt
le T-shirt

trunk
la trompe

tube
le tube

tunnel
le tunnel

turtle
la tortue marine

tusk
la défense

tyre
le pneu

Uu

umbrella
le parasol

unicorn
la licorne

up
en haut

Vv

van
le camion

vase
le vase

vest
le maillot de corps

video recorder
le magnétoscope

vinegar
le vinaigre

Ww

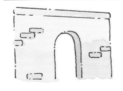
wall
le mur

walrus
le morse

wardrobe
l'armoire (f)

washbasin
le lavabo

washing machine
la machine à laver

wastepaper bin
la corbeille à papier

watch
la montre

water bottle
la gourde

waterfall
la chute d'eau

waterlily
le nénuphar

wave
la vague

weed
la mauvaise herbe

wet suit
la combinaison de
plongée

Gg

le galet
pebble

la gamelle
food bowl

le gant
glove

le gant de toilette
flannel

le garage
garage

le garde-feu
fireguard

le gardien de parc
park keeper

la gare
station

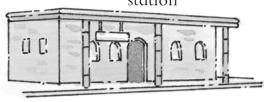

le gâteau
cake

le géant
giant

la gerbille
gerbil

le gilet
cardigan

le gilet de sauvetage
lifejacket

la girafe
giraffe

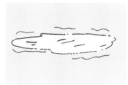
la glace
ice

la glace
ice-cream

le gland
acorn

le gnome
gnome

le gobelet
beaker

le gobelet en carton
paper cup

la gomme
rubber

le goudron
tarmac

la gourde
water bottle

grand/grande
tall

la grande cape
cloak

la grange
barn

la griffe
claw

le grillage
wire netting

la grille
railing

le grille-pain
toaster

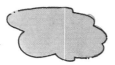
gris/grise
grey

gros/grosse
fat

la grotte
cave

la grue
crane

le guépard
cheetah

le guidon
handlebars

**la guirlande
de papier**
paper chain

**la guirlande
électrique**
fairy lights

la guitare
guitar

Hh

le hamburger
hamburger

le hamster
hamster

le haut-parleur
loudspeaker

l'hélicoptère (m)
helicopter

le hibou
owl

l'hippocampe (m)
seahorse

l'hippopotame (m)
hippopotamus

l'hiver (m)
winter

le hochet
rattle

le homard
lobster

l'hôpital (m)
hospital

l'horloge (f)
clock

le hot-dog
hot dog

l'hôtel (m)
hotel

**l'hôtel (m)
de ville**
town hall

l'huile (f)
oil

l'huître (f)
oyster

Ii

l'île (f)
island

l'instituteur (m)
l'institutrice (f)
teacher

Jj

le jardin de rocaille
rock garden

le jardin sauvage
wild garden

la jardinière
window box

jaune
yellow

le jean
jeans

la jetée
pier

le jeu de société
board game

la jonquille
daffodil

le journal
newspaper

joyeux/joyeuse
happy

le jeu de construction
building block

la jupe
skirt

le jus
juice

le justaucorps
leotard

Kk

le kangourou
kangaroo

Ll

le lac
lake

le lacet
lace

la laisse
lead

le lait solaire
suntan lotion

le lama
llama

la lampe
lamp

le landau
pram

le lapin
rabbit

large
wide

le lavabo
washbasin

le laveur de vitres
window cleaner

**le lecteur (m)
la lectrice (f)**
reader

le lecteur laser
compact disc
player

le Légo
Lego

le léopard
leopard

le lézard
lizard

la licorne
unicorn

le lion
lion

le lionceau
lion cub

la lionne
lioness

la litière
bedding

le livre
book

long/longue
long

la luge
sledge

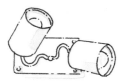

la lumière
light

la lune
moon

la lunette
toilet seat

**les lunettes (f)
de plongée**
goggles

**les lunettes (f)
de soleil**
sunglasses

Mm

**la machine à
laver**
washing machine

le maçon
builder

le maçon
bricklayer

le magasin
shop

**le magasin
de jouets**
toy shop

le magazine
magazine

le magicien
magician

le magnétophone
tape recorder

le magnétoscope
video recorder

le maillot de corps
vest

la maison
house

la maison de poupée
doll's house

la manche
sleeve

le manche à balai
broomstick

la manchette
cuff

le manège
roundabout

la mangeoire
bird table

le manteau
coat

la maquette
cardboard model

le maquillage
make-up

la marche
step

la mare aux canards
duck pond

la margarine
margarine

la marionnette à gaine
glove puppet

marron
brown

le marteau pneumatique
pneumatic drill

le masque de plongée
face mask

le mât
mast

la mauvaise herbe
weed

la méduse
jellyfish

la mer
sea

le miel
honey

mince
thin

le miroir
mirror

le monstre
monster

la montgolfière
hot air balloon

la montre
watch

le morse
walrus

87